ケアマネジャーが知っておきたい
記録の書き方
アセスメントのしかた
訪問のポイント

土屋典子 著

はじめに

ひょんなことから、ある期間、在宅で福祉サービスを利用する立場になった。

自信にあふれたようにみえる専門職による訪問、面接、その後の電話訪問。この対応が、実にしんどかったのである。何らかのスケールに基づく質問の数々。専門用語が多用されたサービス紹介、大きなうなずき。笑顔。自分自身が弱っている時の、専門職と呼ばれる人々が善意で行ってくれている態度がいかに重荷となるか。これまで想像もしたことのない体験だった。

自分もこれまで利用者に対してこういう思いをさせてしまっていたのだろうかと、何ともいえない気持ちになってしまった。

そんな中、NPO 法人が母体の事業所による訪問介護サービスを利用した。主婦の集まりだから大したことはできない、といいながら、謙虚で丁寧な物腰の方々が数名家事援助等に訪問してくださった。頼んだことを黙々とこなし、我が家で滞っている家事をささっと補い、また、私が興味を持ちそうな情報をさりげなく置いておいてくださる。実に細やかな活動。

6ヵ月もたつ頃、私は体調回復し、さて、そろそろ自分でがんばれるかなという気持ちになっていた。そしてこの間の彼女たちとのやり取りは、私自身に人を支援することの意味、必要な姿勢、つまりケアの本質というものを改めて考える機会を与えてくれることとなった。

相手が力を取り戻そうとするときに必要な支援とは、やみくもなサービスの紹介や、相手が受け止めきれないほどの大量の情報提供、さらに、大層なエビデンスに基づいたアプローチなどではなかった。むしろ、相手が必ず回復する力を持っていることを信じ、自分たちにできる支援を行いながら、その力が発揮される時をじっと待つ、そういうことのようだった。

度重なる制度改正を繰り返し、現場は揺れている。自立支援という名のもとに、物事がおかしな方向に進まないように、あくまでも、この制度が、人が生きようとする力を支える、そのために役立つものであり続けるようにと願わずにはいられない。

なお、本書を執筆するに当たっては、ベテランケアマネジャーの朝倉富士子さん、末吉喜世子さん、和田圭子さん、内藤早苗さん、吉川恵子さん、松尾純子さん、馬場和美さん、清水あづささん、日高冨美子さんに多大なるご協力を頂きました。この場をお借りして御礼申し上げます。

2012年1月27日

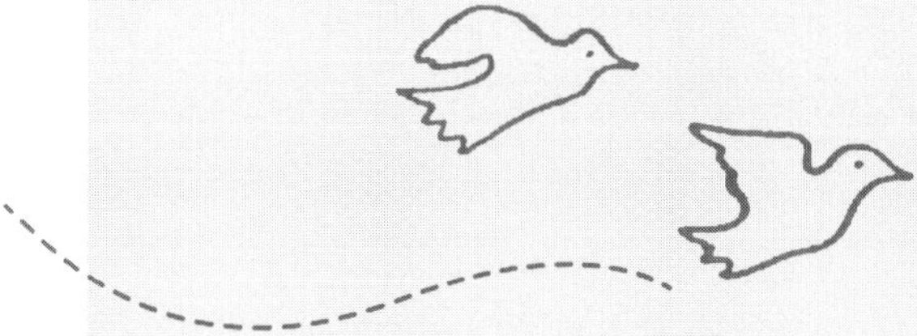

もくじ

もくじ

第１章　アセスメントからケアプランへの流れ

第２章　仕事がはかどる記録の書き方

第３章　おさえておきたいケアマネジメントの基本

第4章 マナーからスケジューリングまで 訪問のしかたの大事なポイント

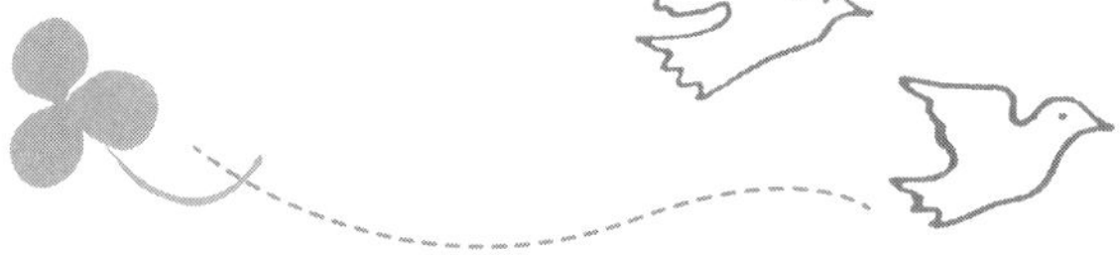

参考文献

森俊夫・黒沢幸子『解決思考ブリーフセラピー』（ほんの森出版）2006 年
古橋洋子『実践看護診断を導く情報収集・アセスメント』（学研）2008 年
プレジデントムック「書き方のコツ、話し方のワザ」（プレジデント社）2008 年

第1章

アセスメントから
ケアプランへの流れ

アセスメントとは何か…の前に

「風が吹けばおけ屋がもうかる」ということわざをご存知ですか？

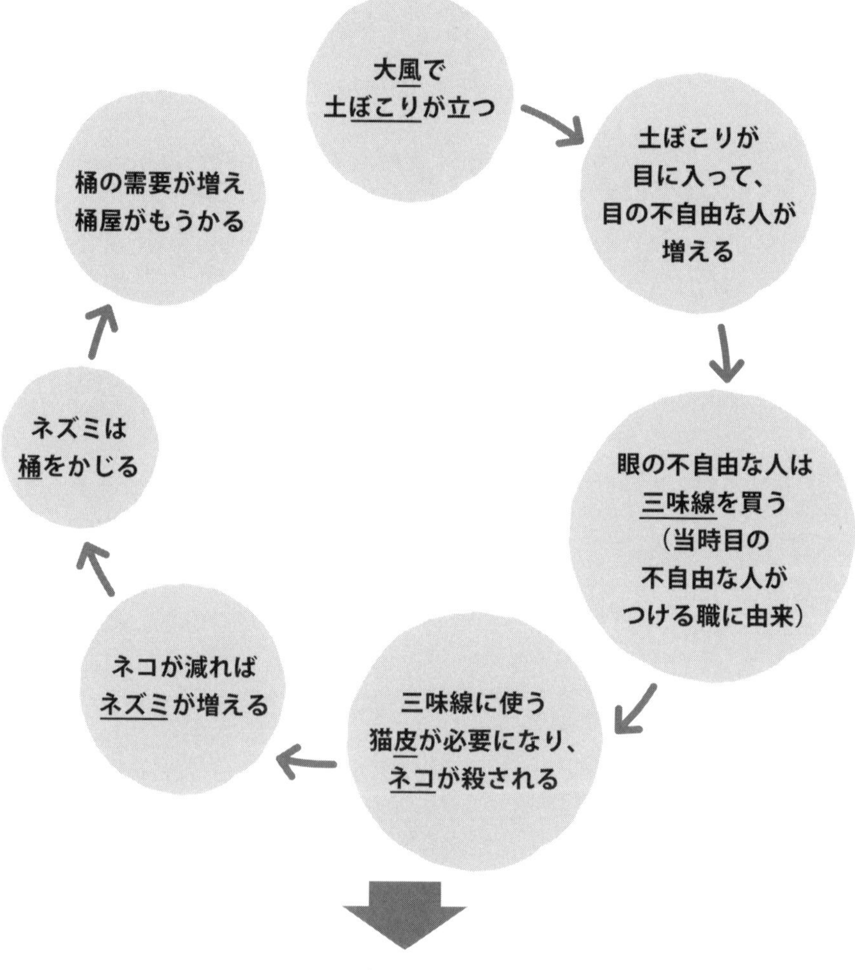
大風で
土ぼこりが立つ
土ぼこりが
目に入って、
目の不自由な人が
増える
眼の不自由な人は
三味線を買う
（当時目の
不自由な人が
つける職に由来）
三味線に使う
猫皮が必要になり、
ネコが殺される
ネコが減れば
ネズミが増える
ネズミは
桶をかじる
桶の需要が増え
桶屋がもうかる

こういう意味でしたよね。

あらためて、アセスメントとは何か？

突然ことわざが出てきましたが、アセスメントというのも、実はこういうことなのではないかと思うのです。

つまり、アセスメントは、

- 「桶屋がもうけている」という現象を見て、

↓

- 一体どうして、そういう状態が生じているのかを、一つひとつの要因をひも解き、

↓

- そもそもの原因は、「風が吹いた」ことから始まり、さまざまな要因が結びついて、今の状態が生じている、ということを推論する作業のことをいうのではないでしょうか。

そして、

- アセスメントによって推論した内容をもとに、ものごとを良い方向に向かわせるには、どうしたらよいのか、解決のための見取り図を作ることがケアプランの作成のプロセスであり、その見取り図がケアプランそのものといえます。

旅行に行くと寝たきりになる？

アセスメントからケアプラン作成までを、具体的な事例で見てみましょう。ある、とても仲の良い老夫婦の例です。

1. とても仲の良い旅好きの老夫婦がいた
2. 妻が旅先で急に亡くなってしまった
3. 気落ちした夫は家に閉じこもるばかり
4. ごみ出しに行った時、足元がふらつき転んでしまった
5. 外に出るのが怖くなり、外出しなくなってしまった
6. おなかが減らないので、食事をとらなくなってしまった
7. 下肢筋力低下と栄養不良の状態
8. 寝たきりに近くなってしまった

「旅行」と「老人ホーム」の間には、
❷〜❽までの要因が重なっていることがわかりました。

事例を分析してみる

前ページのように事例を分析してみると、わかってくることがあります。

●原因は一つだけではない。

●目に見えることのみに対応してはいけない。

●「きっかけ」に着目する。

それぞれ具体的に見てみましょう。

その1 原因は一つだけではない

地域の中に、ひっそりと過ごしておられる、
寝たきりになってしまいそうな、
単身高齢者の存在は、
実は、さまざまな要因がからみあって、
重なりあって、生じています。

その2 目に見えることのみに対応しない

とかく、私たちは自分の目に見えることにのみ反応し、
目の前の現象にとらわれたケアプランを立ててしまいがちです。
けれども、それでは、根本的な解決には至らないのです。
→なぜなら、ものごとには「きっかけ」があるからです。

その3 「きっかけ」に着目する

誰かの生活が急激に変わってしまったことには何かきっかけがあるはずです。
例えば、大切にしていたもの（人、健康、財産…）の「喪失」や悲しいエピソードなど。

そこで、まず一呼吸おいて、
その人の悲しみや喪失体験を、
その人の時間を、共有してみることはできないでしょうか？

その人の「これまで」にさかのぼって、その人の「これまで」を追体験してみる作業は、きっとその人の「これから」を探す第一歩になると思います。

ケアマネジャーとして何ができるか

事例の分析ができたら、ケアマネジャーとして何ができるかを考えます。これがケアプランの素地になります。

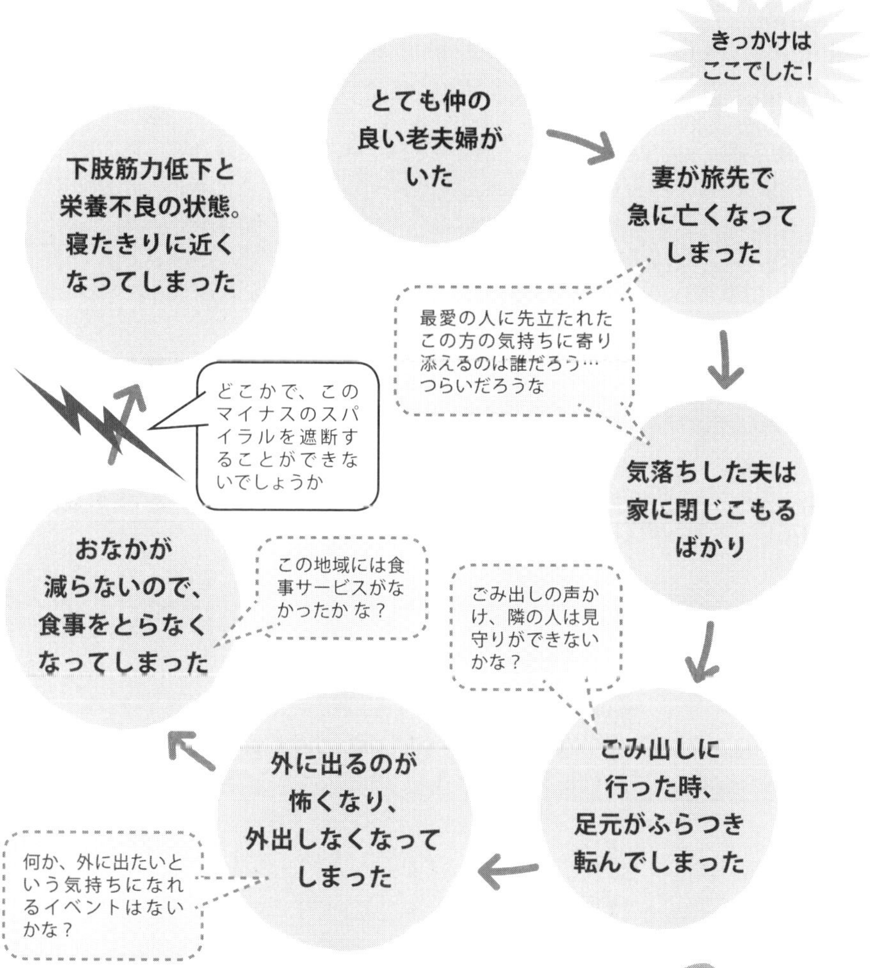
きっかけは
ここでした！
とても仲の
良い老夫婦が
いた
妻が旅先で
急に亡くなって
しまった
最愛の人に先立たれた
この方の気持ちに寄り
添えるのは誰だろう…
つらいだろうな
気落ちした夫は
家に閉じこもる
ばかり
ごみ出しの声か
け、隣の人は見
守りができない
かな？
ごみ出しに
行った時、
足元がふらつき
転んでしまった
外に出るのが
怖くなり、
外出しなくなって
しまった
何か、外に出たいと
いう気持ちになれ
るイベントはない
かな？
おなかが
減らないので、
食事をとらなく
なってしまった
この地域には食
事サービスがな
かったかな？
下肢筋力低下と
栄養不良の状態。
寝たきりに近く
なってしまった
どこかで、この
マイナスのスパ
イラルを遮断す
ることができな
いでしょうか

「良いところ」に着目したケアプラン作成

ここまでの分析で、Aさんの課題がわかってきました。これらをもとに、いよいよAさんのケアプランを作りましょう！　といきたいところですが、少しだけ待って下さい。

現状からの改善をもたらすプラン作成のために、知っておきたい大事なことがあります。

1「今」を認めること

「あなたの課題はここです」とマイナス面を並べられても、人はなかなかそれを改善しようという気持ちにはなれないようです。

また、「一人で歩きたくありませんか？」「お風呂に入れるようになりたくありませんか？」と、これしたいあれしたい、と「したいしたいプラン」メニューをたくさん提示されても、なかなか心底そうしたいとも思えないようです。

では、人が「さて、がんばろうか」と思えるのはどういうときなのでしょうか。

いくつもの困難や喪失を体験された方が、何か新しいことを始めようと思えるのは、その人自身がかなり「良い状態」にあるときのようです。

そしてその「良い状態」とは、心も体も安定したときであり、少なくとも、その人のできなさ、足りなさを指摘され、こうしたら、ああしたらと指図されたりするときではないようです。

「良い状態」とは、今のままで十分がんばっていますよと、その人自身の「今」が認められたとき、ありのままの自分の姿が理解されたときに生じてくるもののようです。

このような前提に立つと、現状改善のための第一歩を歩んでもらうためにどうしたらよいかが見えてきます。

目の前の利用者に対して、あれこれがんばれと提案することよりも、困難な状況にあっても、その場で生きようとしているその人なりの努力、工夫、生き方を認めることが大切であり、具体的には、「今でも十分がんばっておられますよね、よくなさってますね」と、相手の今を肯定するねぎらいの言葉をかけていく行為が重要ではないかと思うのです。

② Aさんの場合

それでは、事例に戻って考えてみましょう。Aさんの場合はどうでしょうか。

これまでマイナスとしてとらえていた情報をもう一度読み返してみます。

すると、妻を亡くして気落ちしたAさんとは、「とてもすてきな奥さんと出会い、大切な時を過ごしてきた」Aさんであり、家に閉じこもるばかりのAさんとは、「奥さんとの思い出をかみしめながら過ごしていた」Aさんととらえることもできます。

また、ゴミ出しに行った時転んだAさんとは、「こんなつらい中でもゴミを出そうという気持ちを持つことのできる」Aさんであり、外に出るのが怖くなり外出しなくなったAさんとは、「転倒の危険を察知することができる非常に冷静な」Aさんととらえることもできます。

そして何よりも、Aさんは、奥さんと過ごし、一緒に旅行をしたたくさんの思い出を持っている。その思い出は決して消えるものではなくて、Aさんの中でいつまでも生きている。

今はその大切な人を亡くしてつらいけれど、Aさんは決して不幸な人ではなく、素敵な妻と幸せに暮らした思い出を持つ、旅行好きの男性で、喪失中にあってもなんとか一人で暮らしていこうとされているがんばり屋さんである、ととらえ直すことができます。

Aさんに対して、こうした見方をすることができると、Aさんへの接し方も変わってきます。

そして、ケアマネジャーがそう感じていることをAさんに伝え、「本当にこのような状態でよくがんばってこられましたね。よくなさってますね、素晴らしいですね」とねぎらいの言葉をかけることができたとき、もしかするとAさんの気持ちに変化が起こるかもしれません。

妻を亡くし本当につらかったこと。その中でもがんばって暮らしてきたこと、それが今まで自分に尽くしてきてくれた妻への恩返しになるのではと思っていること…。これからも妻のことを思いながら思い出の土地を回りたいこと…。

今ある状態をすべて受け止めてもらえ、それをわかってもらえたとき、人は次の第一歩を歩むことができるのでは、とそう思うのです。

Aさんのケアプラン

課　題	長期目標	短期目標	サービス内容	サービス種別
食事をおいしく食べる	栄養バランスのとれた食事を1日3食食べる	朝は自分で用意する。昼、夜は人のサポートを借りる	食事サービスを利用。ヘルパーによる買い物	ふれあい給食利用。訪問介護
少し外に出かける	11月の同窓会に出かけてみる	毎日、団地の1階まで歩いてみる	これまでどおり	自分
安心してごみ出しができるようにする	自分でごみ出しができるようになる	不安な間は民生委員さんに声かけしてもらう	民生委員	
何か、生きがいを見つける	一人で生きていくこれからの人生を味わいのあるものにする	少しずつ考えていきたい	自分	自分

この部分が言葉にされるまでには長い時間が必要かもしれません

第２章

仕事がはかどる
記録の書き方

記録を書こう！
「他人は読んでくれない」が書くときの基本

作家の伊坂幸太郎さんは言います。「基本的に人間は他人の話は聞かないもの。だから、僕は、どうしたら僕の話を聞いてもらえるだろう、僕の書いたものを読んでもらえるだろうと常に考えています」と。

ベストセラー作家ですらこのように考えるのですね。

私たちの日々の記録の場合はどうでしょうか。

人に読んでもらえる記録とはどんな記録なのでしょうか？

1 記録のポイント

記録のポイントは、まず、「**何を書くのか**」そして「**どのように書くのか**」の２点です。

❶ 書くこと、書かないことを決める

①必要な情報のみ書く

記録とは自分の覚え書きではありません。記録は公的なものです。

だらだらと日記のように１日の出来事を書いたりしていませんか？

いまいちど自分の記録をながめ、必要な情報だけがきちんと書かれているか確認してみてください。

では、**必要な情報**とは何でしょうか。

＜必要な情報＞

○利用者本人の言葉、家族の言葉
○利用者・家族の状況、自分が観察したこと
○自分の評価・判断（いわゆるアセスメント）、人に相談して得たアドバイス
○自分がした行為
○その結果

＜不要な情報＞

○自分の主観的な感情

（例）悲しみで胸が張り裂けそうな様子だった

○抽象的な印象

（例）天にも昇るような表情だった

○事実ではないこと（自分の思い込み、根拠のない話）

（例）母親に対してゆがんだ感情を持っているような気がする

○確認していないこと

（例）事故をきっかけに奥様と離別した様子である

○根拠のないこと

（例）実際聞いてはいないが、しょっちゅう暴言を吐き、そのことで近隣に迷惑をかけているのではないか

○誤解を招きやすい表現

（例）アルコールを大量に摂取したような赤ら顔であった

❷ どう書くのか

①読み手を想定して書く

多くの場合、皆さんの書いた記録は皆さんの上司が読むでしょう。となれば、まずその上司の方の顔を思い浮かべながら、その方にわかるように書いてみましょう。

②きれいな字で書く

せっかくの名文も、優れた分析も、ミミズのような読めない字では、その中身が相手に伝わりません。

それではあまりにももったいないです。誰が見ても読めるよう、わかりやすい字で書きましょう。

③使われ方を意識する

クレーム・訴訟の際には重要な証拠となることを意識しましょう。

また、同僚・上司・利用者・家族、さまざまな人が閲覧することを意識しましょう。

④フォーマットを決める

文章を書くのが苦手な方の場合、フォーマットを決めてしまうと、書くのが楽になるかと思います。フォーマットについては、次ページ以降で詳しくご説明します。

ケアマネジャーの作成する大量の帳票

ケアマネジャーの作成する記録は本当にさまざまなものがあります。記録ばかりを丁寧に書いていると、あっという間に１ヵ月が終わり、訪問する時間もとれません。**利用者に向き合うための時間をたっぷり確保するため**にも、記録はより効率的・効果的に行うとよいでしょう。

ここでは、記録のしかたについて学んでいきますが、その前に私たちが作成しなければいけない帳票・記録をざっとながめてみましょう。

1 記録の種類

ケアマネジャーが作成する記録	記録の内容	備　考
基本情報	利用者の氏名・年齢・性別・住所・要介護度などの基本情報を記録するものです	各事業所ごとに作成
アセスメントシート	課題分析標準項目を網羅し、その利用者の課題を抽出するために必要な情報を記録します	各事業所ごとに作成
ケアプラン	第１表〜３表のことをさします	介護保険法に示されるもの
サービス担当者会議録	第４表。サービス担当者会議における会議の状況を記録するものです	介護保険法に示されるもの
支援経過記録	第５表。利用者への支援を行う過程を記録するものです。事実、それに対する評価、その後の支援内容などを簡潔に記します	各事業所ごとに作成
サービス利用票 サービス利用票別表	当該月に利用する予定のサービスを記し、利用者から同意を得るものです	介護保険法に示されるもの
サービス提供票 サービス提供票別表	当該月に利用する予定のサービスを記し、事業所に送付するものです	介護保険法に示されるもの

自分の枠組みを持つ

介護保険の記録を書くときに、だらだらと長文を書いたりはしていませんか。私は、いつも次の枠組みで記録をしていました。

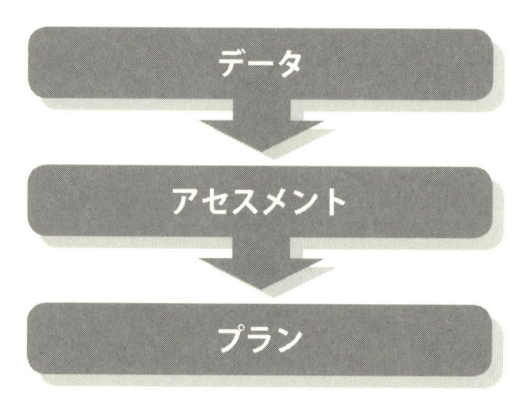

データ
↓
アセスメント
↓
プラン

具体的に言うとこうなります。

データD		アセスメントA		プランP
相手が言った言葉 自分が観察したこと	→	自分が考察したこと	→	どう行動するか予定

観察するポイント

- ●本人の心と体の状況
- ●介護者の心と体の状況
- ●本人と家族、近隣との関係性
- ●暮らしの状況（社会資源、住居、環境、地域）

常に、この枠組みで記録を書いていくのです。

D（データ）＆A（アセスメント）＆P（プラン）、D＆A＆Pの繰り返しです。

ケアプラン（第１表）の書き方

　前ページでご紹介したＤ＆Ａ＆Ｐの記録の書き方をもとに第１表の枠組みと具体例を見てみましょう。

データ
①相手の言葉
②自分が観察したこと

→

アセスメント
自分が考察したこと

→

プラン
どう行動するか
計画するか

居宅サービス計画書（第１表）

利用者及び家族の生活に対する意向	データ①が入ります。
介護認定審査会の意見及びサービスの種類の指定	
総合的な援助の方針	データ②とアセスメント、プランが入ります。

第１表の枠組み

利用者及び家族の生活に対する意向	利用者は○○なので、○○したいとの意向である 家族は、○○で、○○したいとの意向である
介護認定審査会の意見及びサービスの種類の指定	
総合的な援助の方針	全体として○○という状況にあり（データ②） ○○という状況のもと、○○という課題が生じている（アセスメント結果） 具体的には○○にて対応することとしたい（プラン内容） 今後は○○への注意が必要である（リスクマネジメント）

第１表の記入例

利用者及び家族の生活に対する意向	利用者は脳梗塞後遺症があるが在宅での生活を希望。また、家族も本人の意向をくんで、このまま在宅での生活を支えたいとの意向である
介護認定審査会の意見及びサービスの種類の指定	
総合的な援助の方針	全体として退院後脳梗塞の再発が心配な状況にあり、在宅生活の継続にあたっては、再発予防の経過観察及び、入浴、トイレの面で課題が生じている。 具体的には訪問介護及び訪問看護にて当面対応することとしたい。今後は再発防止のため、栄養改善など食生活への注意が必要である。 緊急時連絡先　○○－○○○○－○○○○

支援経過記録（第５表）は7行でまとめる！

支援経過記録は、Ｄ＆Ａ＆Ｐを「７行」で書くようにしてみましょう。

データ
①相手の言葉
②自分が観察したこと

→

アセスメント
自分が考察したこと

→

プラン
どう行動するか
計画するか

	支援経過記録は＜７行＞で!!
年月日	データ （2 行くらい） アセスメント （3 行くらい） プラン （2 行くらい）

支援経過記録の枠組み

データ	訪問の際にメモをした利用者の言葉、家族の言葉をまず書く。次に、自分自身が観察した状況で今後の支援に必要な内容を選び、書く	本人「○○」と話す。家族「○○」とのこと。○○な状態あり（観察される）
アセスメント	上記のデータをもとに、今どのような課題がありどのような支援が必要であるか、今後の支援の見取り図を書く	○○な点に課題がある。今後○○○な支援が必要と考える
プラン	具体的なプラン及び支援を行う上での留意事項を書く	○○までに○○を行うこととしたい

7 行で書く支援経過記録の記入例

データ、アセスメント、プランの部分がわかるように、それぞれ D)、A)、P) の記号を文頭につけましたので、参考になさって下さい。

〈男性　要介護 1　家族と同居〉

○月○日	D) 本人「うなぎが食べたい。家族がちっとも味の濃いものを買ってくれない」と話す。家族「脳梗塞の再発が心配」と。 A) 食生活で課題あり。再発予防のための栄養指導等順調ではない様子うかがえる。今後の方針について検討する必要あり。現在のサービスの妥当性要検討。 P) 主治医、訪問看護師との打ち合わせを行いたい

〈男性　要介護 2　独居〉

○月○日	D）本人「最近頭が重い、左手がしびれるようになっている」と。トイレを失敗することがあるのか、ズボンに汚れがあり。 A）身体状況に変化あり。医療・看護職と身体状況について情報共有し、今後の方針について検討する必要あり。現在のサービスの妥当性要検討。 P）午後 2 時より訪問看護来訪のため、再度訪問し、訪問看護師と打ち合わせすることとしたい

〈女性　要介護 3　家族と同居〉

○月○日	D）本人「お盆には田舎に帰りたい。お墓参りがしたい」と話す。家族は「車がないから無理」と。本人、体調の良さを訴える。 A）本人、病後回復傾向。体調も良くなっている様子。外出の機会は必要かと感じる。脱水症状に気をつければ千葉のお墓までの往復は可能ではないか。 P）家族に送迎サービスの情報提供する。車いす対応タクシー 3 時間 5000 円。TEL ○○－○○○○－○○○○

〈女性　要介護 1　独居　膝関節痛あり〉

○月○日	D）本人「冬場になり、膝の痛みが強くなってしんどい」と話す。痛みに伴い、特に布団干しがきつくなっているとのこと。 A）膝関節痛を患っている本人。冬場になり室内でじっとしていることが増え、体の硬縮が増し、そのことが痛みの増加にもつながっている様子うかがえる。動きのある生活が必要。 P）地域の寄合所で週 3 回健康体操教室があり、参加を勧めてみる。晴れた日のみ、布団干しのボランティアを探す

〈男性　要介護1　独居　前立腺肥大あり〉

○月○日	D）本人「最近トイレに間に合わない。すぐにズボンを汚してしまう。恥ずかしい」。外出も怖くて行けなくなっている。 A）尿失禁の原因を把握する必要あり。前立腺肥大の治療を途中でやめてしまっているとの情報あり、適切な医療へのつなぎが必要と考える。治療を中断した理由等把握する必要あり。 P）本人と前任者に治療中断の理由を尋ね、今後のプランを検討する

〈女性　要介護2　独居　認知症あり〉

○月○日	D）本人「最近ね、私ぽーっとするの。どうしたんだろうね」。ここ1カ月で体重10キロ減。食事をした形跡がない。 A）必要な食事、水分がとれていない。身支度等は問題なし。室内は整頓。認知機能の低下に伴う生活状況の正確な把握必要。関係者間において体重減への対応も検討の必要あり。 P）娘さんを交えてサービス担当者会議を開催し、情報共有および今後の対応、特に食事・水分の確保をどうすべきか検討

〈男性　要介護3　息子と同居　認知症あり〉

○月○日	D）本人「お世話になります」を繰り返す。息子さんより「帽子をかぶって散歩に出かけたがる。雨でも出ていく。疲れた」。 A）本人の外出頻繁。息子さんの見守り、対応に疲労目立つ。散歩に出たがる理由・本人の本当の希望は何か、息子さんと共にプランを検討する必要あり。 P）本人のこれまでの生活へのヒアリング、頻回の散歩の意味・代替行為の検討。または散歩介助の方法検討

〈女性　要介護5　息子と同居〉

○月○日	D）ヘルパーより、今朝本人の右足大腿部にあざがあったとの報告あり。デイ入浴担当も同様の指摘。介護者の息子さん不眠。
	A）何らかの不適切なケアが行われているかもしれない。早急に情報収集を行う必要あり。現在の情報の真偽を確認し、地域包括支援センターへの通報を行いたい。
	P）デイサービス入浴に同席、本人の許可を得て大腿部のみ写真をとる。上司、地域包括支援センターへの報告

〈男性　要介護2　娘と同居〉

○月○日	D）娘が仕事を無くして家に住むようになった。お金に困っている。自分の年金を使ってもらおうと思っているとの言葉あり。
	A）娘さんが同居するようになって笑顔が増える。身の回りの世話もしてくださり、本人の安心が増す。経済的な面では不安要素あり。地域包括支援センターへ相談が必要か？
	P）明日の地域ケア会議で顔見知りの地域包括支援センター職員に相談することとしたい

〈女性　要介護5　息子と同居〉

○月○日	D）息子さん8：00～20：00まで就労。日中独居。息子同居のため生活援助を市から打ち切られた。日常生活の支援滞る。
	A）息子さん本人の好物のおにぎりや菓子パンを買って枕元に置いているが、嚥下困難、むせ多く十分に摂取できていない。栄養バランス崩れ体調悪化の恐れあり。
	P）地域包括支援センターに相談。本人への食事面での生活援助の必要性を検討する。刻み食、とろみづけなどの調理の支援の追加

〈女性　要介護 3　息子と同居〉

○月○日	D）うちはお金がないからデイサービスをやめないといけないと本人。民生委員より最近同居の息子さんが失職したと。 A）デイサービスでは入浴、食事の確保など本人の日常生活に必要なメニューが提供されている。継続が望ましいが、利用料が払えないことには継続はできない。家族との話し合い必要。 P）ケアプランの見直しを兼ねてご家族もまじえてサービス担当者会議を開催する。事前に関係者にはこのことを伝えておく

平成 24年度改正

平成 24 年度改正において、月 1 回のモニタリングと、その結果の記録を行っていないと、大幅に減算されることになりました。

具体的には 1 ヵ月目 50%、2 ヵ月目からは単位算定がされません。

支援経過記録はモニタリングの視点を意識して、できるだけ効率的に 7 行で書いてみましょう！

ケアマネジャーにとっての記録の意味

記録とは、ケアマネジャーがした行為を客観的に証明するための重要な書類となります。また、次の❶～❺の意味も持ちます。

❶ 他のサービス提供者との情報共有の手段

ケアマネジャーの記録をもとにサービス提供者の方々が支援を組み立てていきます。

❷ 支援の継続性・一貫性の担保

場当たり的な支援を防ぎ、先を見通すための重要な役割を果たします。

❸ 支援内容の評価

自らの行った支援をあとで振り返り、反省する材料となります。

❹ 情報開示の資料

質の向上のため、情報の開示を求められた際には、かくさず相手に見てもらうことになります。

❺ 実地指導での評価

行政の実地指導では、記録がすべてとなり、どんなに良い支援ができていたとしても、記録が不備であれば「何もしていない」と評価されてしまいますので注意しましょう。

次のページからは、記録を書く時の留意点を確認しましょう。

記録の Point 1

正　確　に

1 自分が見たのか、聞いたのか、はっきりと

その情報を誰に聞いたのでしょうか。家族でしょうか、近所の人でしょうか。情報の出どころを明記します。

2 主語ははっきりと

誰のことを書いているのかを、意識して書きます。

3 具体的に記す

例えば、「大きな声で怒鳴っていた」ではなく、何と怒鳴っていたのか、具体的に書きます。

×Aさんはいつも恐ろしい顔で怒鳴っている。

○Aさんは、ここ2、3日毎日夕方になると、「早く家に帰せ」と大きな声で訴えている。

4 「とっても」「たくさん」など、あいまいな表現は避ける

形容詞、副詞はなるべく使わず、多いならどのくらいたくさんなのか、具体的に書きます。

×今日、Aさんはとても元気そうで、たくさん食事を召し上がった。

○今日、Aさんは昨日より顔色よく熱も36度に下がり、食事も普通食はすべて残さず召し上がった。

記録の
Point 2

保存することを意識して

① 個人情報保護

取得・利用・保管についての取り決めをよく理解しておきましょう。

誰と、どのような情報を、どのような目的で共有するのか、明確にしておきます。

② 情報開示

開示することを意識して書くようにします。

すべて利用者・家族が読むことを想定して書きましょう。

③ リスクマネジメント

ケアマネジャーとして実践したことは、行った日、時間、内容を含めて正確に記録します。

例えば、医療依存度の高いターミナルのケースを担当したケアマネジャーが、訪問看護ステーションの看護師の活動中にその場に同席し、看護師とともに家族と今後のケアについての打ち合わせをしたとします。この場合、その後記載することになる記録は、日にち、時間帯、利用者宅での相談内容ともに、その後看護師が看護ステーションにおいて書く記録と類似の内容となるはずです。誤って日付を間違えて書いていたなど、内容の食い違いがあってはなりません。

また、どんなに毎月の定期訪問、モニタリングを行っていたとしても、そのことが支援経過記録等に記載されていなければ、その訪問は行われていないことになってしまいます。行ったことは必ず記録する癖をつけるようにしましょう。

記録の Point 3 省 力 化

1 必要な情報を選ぶ

記録には見てきたことをすべて書くわけではありません。

見てきたことは、まず自分のメモに記し、そのメモの中から残すべき内容を吟味して、記録する癖をつけます。

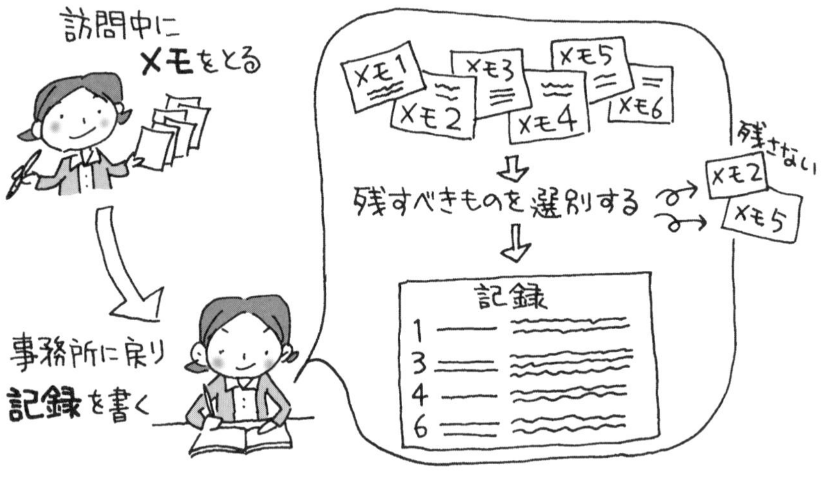

2 数量化できるものは数量化する

「何度も話した」ではなく、「３回話した」。

「何度も訪問した」ではなく、「月に12 回訪問した」のように、できるものは数量化して記入します。

③ 図示できるものは図にする

人体図などを駆使して、できるだけ正確に記入します。

④ 図示はするが、暗号化はしない

QQ 車、留カテ等の暗号は使わないようにします。誰が見てもわかるように書くことが大切です。

QQ 車→救急車
留カテ→留置カテーテル

記録の
Point 4

記録の原則［5W2H］

自分の記録に 5W2H がきちんと書かれているかどうか、確認してみましょう。

（例）

「3 月 5 日、ご自宅にてお話を伺う。長女の芳江さんより、このま
when　where　who
ま自宅での介護を続けるのは、自分も年をとったので、しんどいと話
what　why　how
が出された。しかし、ご本人はまだご自宅にて過ごしたいとの強い希
hope
望をお持ちであった」

5 W 2 H

「いつ」「どこで」「だれが」
「何を」「なぜ」「どうした」

＋

何を希望しているか（hope）

これらがきちんと記されていますか？

記録の
Point 5

表現の注意点

記録の内容は正しくても、表現方法がよくなかったために問題となる場合があります。

そのようなことのないように、以下の点に注意しましょう。

1 人権・人格の侵害、差別に関わる表現はしない

相手の人権を侵害するような表現は避けます。

自分にそのつもりがあったのかどうかは関係なく、相手がその言葉を聞いて、どう感じたのかが重要になります。

具体的には次のような表記をする際に、人権や人格の侵害が発生する場合があるので、気をつけます。

○人種・本籍地・職業
○家族状況・経済状況
○社会的身分
○宗教・信条

また、利用者の状態・性格に関して否定的な表現をした場合も人権に関わることになりますので、注意しましょう。

例）この利用者は何度言ってもわからない
例）ヘルパーへの苦情が多かったが、今は精神的に落ち着いていて、トラブルなし
例）理解力低い、理解力不足、気難しい、悪臭がする、しつこく何度も聞く

② 客観性に乏しく誤解を招きやすい表現はしない

ケアマネジャーの主観・憶測・決めつけや偏見による表現も気をつけます。

例）退院後、栄養バランスのとれた食事が必要にもかかわらず、勝手に好きなものを食べて、自由気ままに過ごしている…。

状況説明が適切でない表現もやめましょう。

例）家族に連絡したが捕まらず
→　泥棒ではあるまいし、「**捕まらず**」は失礼です。
例）事務所あてに頻回に電話あり
→　「**頻回に電話あり**」の表現は、やや迷惑に思っている印象を受けます。
例）常時不穏であった
→　**その方を不穏にしているのはだれでしょう**…。

③ 関係者が優位であるかのように感じさせる表現は避ける

ケアマネジャー、サービス従事者、医療職が優位であるように感じられる表現は避けましょう。

例）自分で衣服の着脱をやらせてみたが、うまくいかなかった
例）ヘルパーの指示に従わず
例）ヘルパーが監視するも、拒否する
→　援助者の見下す目線がありありです
例）主治医の先生より外泊の許可をいただいた
→　医療職に対する過剰な尊敬の言い回しはやめましょう。

④ 略語、造語、記号などの使用はNG

記録のPoint 3（P41）でも書きましたが、略語・記号は使いません。

⑤ 変化がないときの書き方

記録に書くことがないと悩んでいる方も、**「特変なし」は避けます**。状態が変わらないのであれば、それは現状が維持できているということであり、あなたのプランの効果があったということです。この場合「サービス利用により現状維持、良好」と記すことができますね。

⑥ 記録に何を書いたらよいかわからない場合

メモ帳を活用してネタ集めをします。取材記者になったつもりで、小さな手帳に観察したこと、帰社後記録に残すことを書いてみましょう。

例）顔色優れない／痛み止めの種類が変更○○→○○／
緊急連絡先長男の電話変更→××－××××－××××／
23日受診予定（ヘルパー付き添い必要）→要調整

⑦ 暴言・暴力の書き方

状況の描写が難しい場合、何と表現すればよいか悩む場合は、「　　」でそのままの言葉を書きます。暴言・暴力という語句は使わないようにします。

例）「大バカ息子、とっとと出て行け」との言葉を息子さんに対し、
発しておられた。

記録の書き方の練習問題 ①

これまで見てきた表現の注意点を踏まえて、言い換えの練習をしてみましょう。

＜問題＞

1）草取りはできないことを何度言ってもわからない

2）ヘルパーへの苦情が多かったが、今は精神的に落ち着いていて、トラブルなし

3）理解力悪い、理解力不足

4）気難しい

5）悪臭がする

＜解答例＞

1）庭の草取りができないことについて、3回ご説明した、しかし、本日もヘルパーが草取りをしないとのご要望が寄せられた

2）ヘルパーへのご要望が多かったが、今は落ち着いた表情で、穏やかに過ごしておられた

3）○○について○回ご説明したが、同じ行動を繰り返される

4）Aさんの奥様が「うちの夫は気難しい」と話されていた。ご本人にケアプランの確認をすると、まったく返答がなかった

5）汗のにおいがしていた

記録の書き方の練習問題 ②

＜問題＞

1）しつこく何度も聞く

2）家族に連絡したが捕まらず

3）事務所あてに頻回に電話あり

4）常時不穏であった

5）自分でやらせてみたが、うまくいかなかった

6）ヘルパーの指示に従わず

7）ヘルパー監視するも、拒否する。

8）主治医より外泊許可を得る

＜解答例＞

1）同じことを1日○回尋ねられた

2）自宅の娘さんに15時に電話をしたが、留守電になっており、やむを得ず留守電に「至急ケアマネジャー事業所に連絡をいただきたい」と入れておいた

3）事務所あてに1時間に10回電話あり

4）常に不安な様子で、居室内を歩いておられた

5）洗面を自分で行えるよう促してみたが、右手に力が入らないようでうまくいかなかった

6）ヘルパーが塩分制限についてアドバイスするも、次の瞬間にしょうゆをひたひたにつけて召し上がっておられる

7）ヘルパーが見守りを続けるが、そうした状態をいやがっている

8）主治医より情報提供。外泊することとなる

第3章

おさえておきたい
ケアマネジメントの基本

ケアマネジメントの流れ

ケアマネジメントは以下のような流れになっています。それぞれに知っておくとよいことがいくつかありますので、次ページから述べていきます。

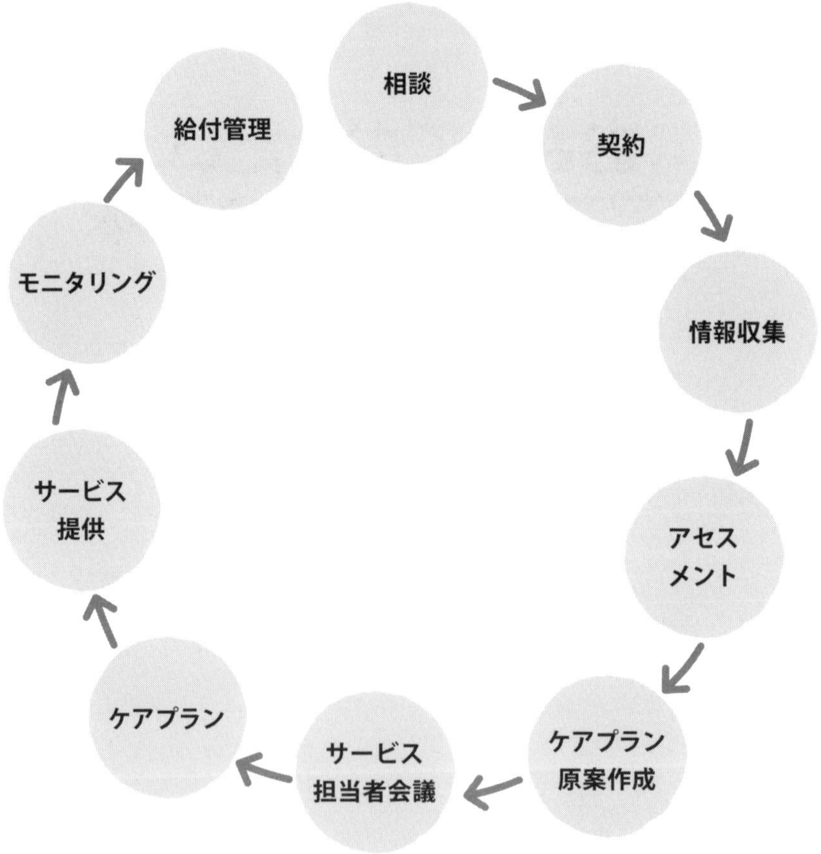
相談
契約
情報収集
アセスメント
ケアプラン原案作成
サービス担当者会議
ケアプラン
サービス提供
モニタリング
給付管理

〔相談〕相談のポイント

面接時のケアマネジャーの役割とは、大きくは時間の進行係だと思ってもよいかもしれません。相手が気持ちよく自分の悩みを話せる。その時間をマネジメントする、ということが実はとても重要です。

そのために大事なポイントを三つ挙げます。

1 相手にどれくらい時間があるか、確認してから始める

相談者にも予定がありますので、どのくらい相談に時間をかけることができるか確認してから始めましょう。

2 じっくり話を聞く

相談にのるというと、何かこちらからアドバイスをしてあげなければと思いがちです。しかし、多くの場合、**相手の話の中にものごとを改善するためのポイントはちりばめられています**。まずはじっくり、相手の言葉に耳をかたむけることが大切です。

そうすると、今後の方向性のヒントは自然に見えてくるものです。

3 できるだけ相手に話してもらう

相手８：自分２の割合で話を進めるとちょうどよいくらいです。

〔相談〕面接時に活用するスキル1

言葉によるコミュニケーションのみならず、ここに示したような非言語でのコミュニケーションも、相手に安心して話をしていただくために重要な要素となります。

うなずき

↓

あいづち
（はい　／　ほう　／　ふうん　／　なるほど）

↓

うながし
（それから？　／　それで？　／　そして？）

しかし、こうしたスキルは機械的に使っても意味がありません。気持ちをこめて、相手の言葉を真剣に受け止めた印として、心をこめて相手に返すことが原則です。

〔相談〕面接時に活用するスキル２

一つのよいアドバイスをすることよりも、相手の言葉を真剣に受け止め、受け止めたサインをそのまま相手に返すことのほうが、相手に大きな安心をもたらす場合が多いようです。

言葉をそのまま返す
「○○というお気持ちなんですね」と
最後の言葉をそのまま返します。

また、自分の意見を相手に押しつけないための作法として、次のような言い方を使ってもOKです。

I（アイ）メッセージ
「私は、○○というのは
とてもすばらしいことだと思います。」

また、面接の区切りに際しては、次のように、ところどころでまとめていくと、面接の方向がぶれないのでよいでしょう。

要約
「つまり、入院されて突然○○となり、●●が大変に
なってしまったということですね。」

〔情報収集〕情報収集の注意点

情報収集を正しく行うことは、ケアプランの方向を間違わないためにとても重要です。

慎重に、確認しながら進めましょう。

❶ 情報源を確認する

「**自分で見る・聞く**」が原則です。

❷ 思い込みに注意

かたよった考え、思い込みで判断するのはやめましょう。

❸ 聞き方に注意

尋問調にならないように注意しながら聞きましょう。

「なんでお風呂に入っていないんですか？ どうしてですか？」

一問一答はやめましょう。

「歩けますか？」

「食べられますか？」

「入浴できますか？」

などの聞き方をすると、問いつめられている気がしますし、答えが広がらず、相手の生活について知るための幅広い情報がとりづらくなります。

情報源の確認
あの人は……らしいよ
へーそうなんだ！
NG！
思い込みに注意
××に違いない！
NG！
聞き方に注意
なんですか!?
NG！
びくっ
話しやすいふんいきだわ
なるほど
そういうお気持ちなんですね

〔アセスメント〕アセスメントのプロセス

アセスメントについては冒頭（12ページ～）で詳しく述べました。ここではポイントのみ記します。

必要な情報を集める

↓

集めた情報を分析する

↓

何が課題かを考える

アセスメントとは、
一番大事なことをつかむこと！

その人はどう生きたいのか。
そして何を改善すればその人の生活がうまくまわるか。
そのために何をつかめばよいのか。

〔ケアプラン原案〕ケアプラン原案作成のポイント

ケアプラン原案作成は次のプロセスで進めます。

① 本人・家族の希望を聞く

これまでのその方の暮らし方・生き方をたずねてみます。その人のこだわりはどんなところにあるのでしょう。

「食にこだわってきた」

「地域活動を大切にしてきた」

人にはそれぞれに“はずせないポイント”があります。

② アセスメントで明らかになった課題・目標を書き出す

今課題になっていること、その課題解決のために立てた目標をしっかり定めます。目標はその人の言葉で具体的に立てます。

③ 目標達成に必要なサービス・人・物は何かを考える

今後、介護保険の財政が厳しくなる中で、ますます「社会資源の活用」という言葉が声高に叫ばれるようになると思います。

どうすれば、目標達成できるか。何を使えばよいのか。これは、自分一人ではなかなか思いつきません。職場の同僚、ケアチームの他の専門職、そして、利用者さんご本人にたずねてみましょう。または相談してみましょう。**対話の中から見つかることもたくさんあるはずです。**

〔サービス担当者会議〕サービス担当者会議の流れ

サービス担当者会議は次のような流れで進めます。

ケアプラン原案のチェック

自分一人で立てたプラン、本人・ケアチームの同意を得ていないプランはあくまで原案です。
皆の目を通して、より最適なプランに進化させます。

本人・家族の希望、専門的見地からの意見をもとに、原案を修正する

関係者間の情報の共有と、専門的見地からの意見の聴取は必ず行うようにします

ケアプランの確定！

〔サービス担当者会議〕**サービス担当者会議の準備**

「また担当者会議か」「行きたくないな」
「めんどくさい…」と思っている人に参加してもらえる会議とは？

開く前

○開催通知を送る
○問題を洗い出しておく
○メモを作る

当　日

○レジュメに沿って進める
○大切なことは最初に議論する
○皆忙しい人たちであることを意識して、要領よく進める
○会場には必ず時計を置いて時間を意識する

終わってから

○終了時に決定事項を確認する
○役割分担は明確に
○決まった役割は必ず果たす

決め手はだんどり！

テンポ良い
運営が
大事です

「私これしておきますよ」「ではここは私が」という声が自発的に出るようなら、このケアチームは利用者にとって最高のチームといえます。

〔サービス担当者会議〕サービス担当者会議のテーマ

担当者会議のテーマは**重要性・緊急性**などを考慮して、漏れなく議題にのせるようにしましょう。

1 課題の洗い出しの方法

❶利用者・家族からの言葉
❷サービス提供者からの情報
　毎月の実績報告等をまめにチェックする
❸自分の訪問時の気づき

2 テーマに選ぶべき内容

❶重要なもの
　○利用者の在宅生活に重大な影響がある
　○運営基準に違反するか否か、判断がきわどい
　○虐待等、重大な事柄が利用者の身に起きている

❷緊急なもの
　○疾病の再発
　○家庭環境、介護者の状況の変化

❸放っておくと大変なもの
　○利用者とサービス提供者間の何らかのトラブル
　○サービス担当者間の意見の不一致

❹その他

③ サービス担当者会議の具体的なテーマ

今回のサービス担当者会議のテーマをどうしよう…。どういう内容をとりあげたらよいのだろうと悩むケアマネジャーさんがときどきいるようです。

テーマは多岐にわたります。ポイントは、できるだけ**具体的なテーマ**を掲げることです。

下記のような漠然としたものは、NGです。

×ご本人の今後について

×ご本人の在宅生活について

×家族関係について

×介護負担の軽減について

より検討したい内容を具体的に記すようにしましょう。いくつか例示してみましたので参考にしてください。

〈サービス担当者会議のテーマ例〉

重要なもの

① ○○様が老健ショートステイとデイサービスを同日に利用する件について

② ○○様が自費および介護保険によるサービスを同日、同ヘルパーにより利用する件について

③ 誰がインシュリン注射を行うのか　－役割分担の確認と情報の共有－

④ ○○様がショートステイを30日超えて利用する件について

⑤ ○○様がご家族から不適切なケアを受けている件について

緊急なもの

① ○○様が300万円の空気清浄機を購入された件について（地域包括支援センター、消費者センターへの相談結果および対応方針の共有）
② ご本人の「あざ」について
③ ○○様妻の認知症発症に伴う、支援計画の変更について
④ ○○様夫他界後の支援計画の変更について

放っておくと大変なもの

① ヘルパー事業所間の援助内容の不一致
② 45分では生活援助が不十分であり、生活の質が悪化することに対してのプランの見直し
③ 巡回型サービスの利用のしづらさについての情報共有と今後の対応
④ ○○様の窓ふき、散歩のつきそいのニーズへの対応について（社会資源の開拓）
⑤ 24年度改正に向けての大幅なケアプランの見直しについて

テーマはひと目見て会議の内容がわかるものがよいでしょう。

〔サービス担当者会議〕開催通知の作り方

開催通知を書くために時間を取られているケアマネさんが意外に多いようです。以下に記したように省力化できるところは工夫し、時間を大切に使いましょう。

1 開催通知作成の省力化

次ページのひな形をパソコンであらかじめ作成しておき、常に○○のところだけ替えて使いましょう。

2 開催通知の工夫

積極的に参加したくなるような通知を作りましょう。

❶ あらかじめ、話し合う内容を伝える。

❷ 検討内容のネーミングを工夫する

例）「Ａさんご退院。今後のＡさんの在宅生活をどう守るか」
例）「奥さんの疲労極限。『もう疲れました』をどう支えるか」
例）「今夏、計画停電に備える。福祉機器の見直し」

平成 24年度改正

平成 24 年度改正において、サービス担当者会議を新規、更新時、変更時に確実に行わない場合、１ヵ月目は 50％減算、２ヵ月目からは単位算定がされなくなりました。要注意です！

○○年○○月○○日

○○事業所
　　　○○様

○○事業所ケアマネジャー○○○○

拝啓

　○○の候　皆様におかれましては、ますますご清祥のことと存じます。さて、このたび、○○様のサービス担当者会議を開催させていただくこととなりました。

　つきましては、大変お忙しいところ恐縮ではありますが、ご出席いただけますよう、よろしくお願い申し上げます。

敬具

記

日　　時　　○○年　○○月　○○日　(○)
場　　所　　○○事業所　相談室
検討内容　　○○○○について

あらかじめ会議の内容がわかるようにします

※なお、当日駐車場の必要な方は、事前にお申し出ください。

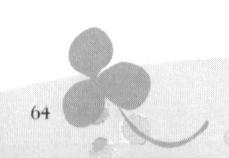

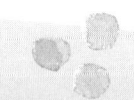

〔ケアプラン作成〕ケアプラン作成のポイント

ケアプラン作成の際に特に大事なポイントは、以下の四つです。具体的な書き方は、24 ページからを参照してください。

1 本人の意向をきちんと反映させる

2 サービス担当会議で確認したことをプランに反映させる

3 本人・家族に必ず同意を得て、きちんとわたす。

4 サービス提供者にきちんと渡す

平成 24年度改正

平成 24 年度改正において、本人、家族、サービス担当者にケアプランを確実に渡していない場合、減算されることになりました。

具体的には、１ヵ月目が 50％減算、２ヵ月目からは単位算定がされず、報酬が支払われなくなります。注意しましょう！

〔サービス提供〕サービス提供のチェックポイント

サービス提供でチェックしておきたいのは以下の三つです。最後の突合までしっかり漏れのないようにしましょう。

① ケアプラン（第１表～３表）に基づいてサービスが開始されたか

② 提供者のマナー・技術・対応は大丈夫か

利用者からの苦情で最も多いのが提供者の態度といわれています。きちんとしたマナーの方に頼めていますか？

③ 月末に必ず実績報告をもらって実際のサービス実施内容との突合をすること

わずかなずれもみのがさず、きちんと突合して不正がおきないように気をつけます!!

〔モニタリング〕モニタリングのポイント

モニタリングでは以下の点に注意しましょう。
モニタリングの結果は毎月確実に書類にも反映させておきます。

1 サービスの時間数・時間帯・内容は正確か

あなたの計画したサービス内容は時間内に余裕をもって終わっていますか？

2 目標達成に近づいたか生活が良い方向に向かったか

以前と比較してどんな点が良くなりましたか？

3 本人・家族は、サービス提供者とうまくいっているか

ご本人、家族が何かがまんしていることなどありませんか？

第4章

マナーから
スケジューリングまで

訪問のしかたの大事なポイント

苦手な利用者さん訪問の解決法

担当する利用者さんすべてと良い関係が保てることは理想ですが、なかなかそうはいかないのが現実ではないでしょうか。

私自身、どういうわけか常に訪問に行くのが苦手な利用者さんがいました。

そういう方の訪問日はなぜかすぐにやってきてしまう…。手帳を見てはため息ばかりついていたこともありました。

そんな場合の解決法がいくつかあります。

① 何か一つでも、その人の「素敵なところ」を見つけてから訪問する

これは自分の気持ちの切り替えのために良い方法でした。

自分の中で自然に「この人を支えたい」と思えるようになるところがスタートです。

② その人が大切にしていたりこだわっていることは何か、探してみる

ペット、植木、鳥、清潔な空間、お孫さん、（ご自身の）美しさ、社交ダンスのドレスなど、相手の大切なことを探していくと、そこから話題が生まれて沈黙が減りました。

相手の大切にしていること、こだわっているところとは、つまり、その人のその人らしさが詰まっているところであり、その人の強みの部分になるかと思います。

そこを丁寧に探し、掘り下げ、話題にしてみると、相手の心の扉を開けるためのきっかけが見えてくるかもしれません。

③ その人がこれまでうまくいっていた人間関係をみつけ、なぜそこでうまくやれていたのか、考えてみる

どんな人でも必ず相性の良い人がいます。その二人の関係を見ながら、自分に不足しているものを探してみます。

④ 自分の表情をチェックする
＝怖い顔をしていないか
＝ちゃんと笑顔になっているか

相手の嫌な表情を引き出しているのは、私自身だったことがありました（反省）。

⑤ 自分の気持ちは相手にはすぐに見通せてしまうことを、意識しておく

「目は口ほどにものを言う」。

自分の心はごまかせません。どうしてもだめなときは、事業所の誰かに担当を代わってもらいましょう。そのほうが利用者さんのためでもあります。

怒られてしまったときの対処法

私はよく利用者さんから注意を受けました。

もっとも、そういう方ほど、その後、実に良い関係が築けたりしたので不思議なのですが…。そこで、対処法をまとめてみました。

1 明らかに自分に非がある場合

❶ すぐにあやまりに行く

これは絶対に必要です。

できれば、当日中に、可能であれば上司と一緒に行きます。

❷ 誠意を具体的な行動で示す

下手ないいわけはやめましょう。

2 見解の相違の場合

この場合は少し冷静に対応します。

❶ 原因を探り、早急に次の訪問の約束をする

可能なら翌日、または 2、3 日の間にします。

❷ できれば、第三者に同席してもらう

話が込み入ったときは、地域包括支援センターの方の助けを借りることも大切です。

❸ 理解するよう努力し、振り返っておく

相手の言い分が納得できなくても、なぜ、相手がそのような思いに至るのかを理解するよう努め、自分のどの発言が、相手を怒らせたのか、振り返りをしておきます。

❹ 一連の出来事については、できるだけ、逐語録を残しておく

そして二度と同じ間違いをしない！

怒られてしまったときに大事なこと

「明らかに自分に非がある場合」「見解の相違の場合」いずれにしても、ポイントは相手に不快な思いを与えてしまったことに対し心からの謝罪の気持ちを持ち、その対応の中で

○誠実であること
○誠意を見せること

この二つです。

その姿を見て
「まあしかたないか」と思っていただけたらありがたいものです。

そして、同じ間違いを二度と繰り返さないことが大事です。

そのためにも、どこに問題があり、再発防止のために今から自分にできることは何か、確実におさえておきましょう。

ベテランケアマネさんのかばんの中身

利用者さんを訪問する際、かばんの中には何が入っているでしょうか。

なにげなく持っているかもしれませんが、その日の訪問ですることがすべて済み、良い訪問になるためには、持ち物は大事です。

経験を重ねればだんだんわかってくることではありますが、最初からわかっているに越したことはありません。ベテランケアマネさんの持ち物を見てみましょう。

1 初回訪問

❶ 名刺

❷ ペン

3色ボールペン＋シャープペンという組み合わせが便利です。

❸ ノート（備忘録）

利用者さんのお宅で伺った話をメモするとき、皆さんは何に書き取っているでしょう。

これまで出会ったケアマネさんたちは、大学ノート（A４判・B５判）、自分の手帳の余白、メモ帳など、さまざまなものを使いこなしていました。

A４判の大学ノートは、どうしてもスペースが大きすぎて、１枚に何人もの利用者さんのお話を書き取ってしまうことが多く、あるお宅でふとページを開いてメモを取り始めると、その直前に訪問したお宅でのメモ書き、その方の名前などが、メモの端の方についちらりと見えてしまって、あたふたしてしまうこともありますね。

そうならないように、大学ノートであれば、B５判くらいで、一人に１枚使えるようなものが良いかもしれません。

❹ 携帯電話

日ごろ活用している訪問看護ステーション、ヘルパーステーション、役所の担当部署、すぐ動いてくれる福祉用具レンタル会社の社員さんの電話番号などが登録してあると便利です。

❺ 契約書一式

契約書、重要事項説明書、個人情報保護の説明書等

❻ 朱肉＋捺印マット＋拭き取り用ティッシュ

❼ 介護給付費早見表

仮のケアプランを話し合うときに単位計算がしやすくて便利です。

❽ 保険者ごとの一般施策の冊子

❾ 介護保険制度概要

都道府県作成のＡ４判のものがまとまっていて良い。パンフレットは薄いものが説明をしやすくて便利です。

❿ 事業所のパンフレット

⓫ 福祉用具カタログ

福祉用具カタログもさまざまなものがあるかと思いますが、使い勝手がよいものは、サイズが小さめで、分厚いものだと思います。多少見づらくとも、利用者さんにはイメージが伝わればよいので、写真など小さくても、種類（機種）が多くのっているものが役に立ちます。

⓬ 地図

これは、行政が作成している、番地まで入っているＡ４サイズに折りたためるものが一番便利でした。

利用者さんとデイサービスの場所を選ぶときなど、地図を広げて、ここならいいんじゃないかしらと話ができ、具体的にアクセス方法などもイメージしやすいです。

② 定期訪問

❶ サービス利用票、利用票別表
❷ ケアプラン１表から３表
❸ 支援経過記録をメモする紙
❹ 前回の話で出た、本日必要なもの一式（各種パンフレット等）
❺ 付せん

例えば、認知症の一人暮らしの方を訪問した際、どこかにお出かけ、ということはよくあります。そんな時には、付せんに「また来ますね、ケアマネ○○」と書いて、玄関に貼っておくと、自分が来たことを伝えられて便利です。

❻ 一筆せん

③ 仕事に役立つ持ち物のポイント

ポイントは、目的に合った荷物をそろえる、ということです。

朝、その日の訪問先をざっと思い返して、本日必要なものをかばんの中に入れて、スタンバイします。

その時に、ここ６ヵ月ほどの支援経過記録を読み直し、最近の動向をおさらいしてから訪問に出かけます。

訪問バッグは、きちんとふたのあるもの、書類がはみださないものが良いようです。

初回の訪問のポイント

何年経験しても、初回の訪問は緊張します。そんな緊張が少しでもほぐれるためのポイントを見ていきましょう。

一瞬、相手に与える
印象は大切です！

❶ 初対面から笑顔で

初対面の時にはお互い緊張するものです。
けれども、最初の印象は大切です。
笑顔をたやさず、ゆっくり、はきはきと返事をするようにしましょう。

❷ 自分の流儀は「　　」カッコでくくる

生活の中心は、利用者さんです。利用者さんの家の流儀に従いましょう。どんなに正しくても、自分の家の流儀を持ち込むのはやめましょう。
以前、畳の上にスリッパで上がるお宅があり、面食らいました。でもその流儀を受け入れないと関係はなかなか築けません。郷に入っては郷に従うとは、なかなかむずむずするものでした。もっとも、不思議なもので、１年経つとその方のお宅で畳の上をスリッパで上がることは少しも気にならなくなりましたが。

なれなれしいのも
困りものです

❸ 言葉づかいは適度に丁寧に

人生の先輩としての利用者さんには、心からの尊敬の念を持って接しましょう。子供扱いや過度に敬いすぎるような態度はやめましょう。

❹ おじぎは首だけちょこんとではなく、15度から30度で！

美しいおじぎのできる方って素敵だなと思います。

無用のトラブルを未然に防ぐために

利用者さんから事業所職員への苦情を整理していたとき、ふと気づいたことがありました。ケアマネジャーを変えてほしい、ヘルパーを変えてほしい、担当を変えてほしい等の職員への不満の理由というのが、「え、そんなことで？」という内容が多かったのです。

職員の側からすると、「え？」と思うような、ちょっとした行為・態度・言葉が、利用者さんにとって受け入れがたいものとなり、相手を傷つけ、また、トラブルのもととなっていたりするのです。そこで、ここでは、「無用のトラブルを未然に防ぐため」のポイントを考えてみました。

1 いまさらですが、髪型は清潔に

髪型は清潔感のあるスタイルが良いでしょう。

茶髪や男性の長髪に抵抗のある利用者さんはまだ多いようです。きちんと結ぶなど、不潔な印象を与えないよう工夫しましょう。

2 ネイル、ピアスは少し我慢

大きめの丸いピアスをして訪問したケアマネジャーについて、ある利用者さんがおっしゃったそうです。「あいつは牛か！」と。もちろんピアスは鼻ではなく、耳につけていたそうなのですが…。

6 服装も清潔感が大切

派手なもの、胸元が開いたもの、透けた素材などは避けましょう。**動きやすく、清潔感のあるもの**がよいでしょう。

以前、毛皮のコートを着て訪問していたケアマネさんと、利用者さん宅でばったり会いました。毛皮は、やはりＮＧだと思います。

また、ある訪問看護ステーションの制服が白いジャージの上下でしたが、下着の線がくっきり…。利用者さんは喜んでおられましたが、奥様はけわしい顔で、どうしたものかとよく思いました。

＜大正、昭和初期の方に好感をもたれる服装＞

えりつきの上着（ポロシャツ、シャツ）

きらきらしていないもの

くるぶしまであるパンツ（ズボン）

しゃがんだ時お尻が見えないパンツ（ズボン）

かかと、つま先のある靴下

ウエストが締まっているブラウス

これらの他に、訪問を繰り返す中で、利用者さんそれぞれの服装の好みを把握して、その日の利用者さんに合わせた服装をコーディネートすると、会話がはずむということもあるようです。

約束する・したときの注意点

利用者さんやご家族にとってケアマネジャーは大切な存在です。だからこそ行き違いがあって問題が悪化すれば修復も難しいものです。

ここでは信頼関係の基本となる約束について注意点を見てみましょう。

1 約束は慎重に

できない約束はしないようにします。

約束が相手に与える期待・希望は大きいのです。

ましてそれが守られなかったときの失望は…。想像してみてください。

断る勇気。できないと言える強さも時には必要です！

2 約束をしたら

一度した約束は必ず守るようにします。すぐに解決しない内容であっても、途中経過をそのつど報告するようにします。

3 時間は正確に伝えます

「後でご連絡します」はやめましょう。

後とは、いつなのか？

1時間後か、夕方か、3日後か、具体的に伝えるようにします。

判断を求められたら

① 難しい判断は報告相談

難しい判断をする場合は、必ず事業所長（上司）に報告・相談しましょう。

相談する相手のいない一人ケアマネの方は、できるだけ身近な相談窓口を確保しましょう。

例えば、行政、地域包括支援センター、地域の世話好きなケアマネさんなどです。

② 利用者宅で即答は避ける

利用者宅で、自分には判断できないことに即答を求められたら、「上司に報告してからお返事します」と答えましょう。

③ 組織として考える

自分は組織の一員として働いているという姿勢を持ち、個人的な判断はさけましょう。

組織にはラインがあります。
そのラインに沿ってものごとを
報告・連絡・相談します

ただし、今働いている組織自体がラインなどなく上司も上司らしくなく、皆が好き勝手に動いているという例もあります。

そんな事業所の方は、まずあなたから個人プレイではなく、チーム・組織で動く習慣をつけてみてはいかがでしょうか。一人が変われば、1年後には事業所の中に何かしらの変化が起きているはずです。

仕事にてきぱき取り組むために、
段取り上手になろう！！

Ⅰ　仕事を分類して優先順位をつける

❶ まず、やるべきことを書き出す

「頭の中にあることをまず外に出してみる」

やるべきことを付せんに書き出し、机の上に出してみます。

「それを眺めてみる」

こうして自分のやるべき仕事量が見えると、自分の置かれている状況を客観的に把握でき、どうすればこれらを片づけていけるか、具体的にイメージすることができて安心します。

❷ グループに分けてみる

同じような内容のものをみつけたら、一度にできることはまとめてこなしましょう。まとめて行うと、時間が効率的に使えます。

例えば…

○役所に行くこと（申請手続、住宅改修の相談など）
○事務所でできること（給付管理の入力、その他ＰＣ入力など）
○利用者宅ですること
　（情報収集、申請書の記入、パンフレットの手渡しなど）
○地域包括支援センターに相談すること（虐待ケースの相談など）
○運営基準などを確認すること　など

③ 優先順位を決めていく

次の三つを優先して行いましょう。

❶ 重要なもの
給付管理など、絶対にやらなければならないこと
❷ 緊急のもの
利用者さんが熱発した、骨折したなど、すぐに対応が必要なこと
❸ 放っておくと事態が悪化するもの
利用者さんがデイサービスで他の利用者さんと口論してスタッフが苦慮しているなど

Ⅱ　発想を変える ― 仕事がはかどる三つの心得

① 苦手なことから手をつける

特に人と関わるのが苦手という方の場合は、人との調整作業は後回しにせず、迅速にこなしていくのがうまくいく秘訣です。仕事の能率が上がるばかりでなく、「このケアマネさんはちゃんと動ける人だな」と、他のスタッフからの信頼を得られるようになり、また、次の仕事にも協力してもらえるようになるなど、プラスの連鎖が起こること間違いなしです。

一方、こうした仕事を後に後に回していくと、その事柄に関わる時間がなくなる、問題がより一層複雑になる、スタッフからクレームがくるなど、解決への糸口がどんどん見えなくなってしまいます。要注意ですね。

今できること、今日できることは即実行 !!

苦手なことも逃げないで、どんどんこなしていきましょう !!

② 仕事は定時に終える

いつも「残業すればいいや」と思っていると危険です。

自分の時間は有限です。その仕事にいつまでも時間をかけていては、他のことをする時間がどんどんなくなってしまいます。それではもったいない。

「今日はここまで」、と時間を区切って仕事してみましょう。時間を区切ると、不思議と仕事がはかどり、予定通りにこなせていくようになるものです。

今日から残業はやめて、定時に仕事を終えてはいかがでしょうか。

③ 今やらなくてもよいことは目をつぶる

すべて完璧にやろうと思わないことが大切です。

自分の力には限界があることを自覚し、細く、長く、こつこつ続けられることも一つの才能です。

これだけは知っておきたい基本のき

1 ミスをしたときはまずあやまる

「怒られてしまったときの対処法」（72ページ）でも書きましたが、失敗したときには、すぐあやまります。

あやまり方は…

＊言い訳はせず、できなかった部分について具体的にあやまるようにします。

＊していないことについては、あやまる必要はありません。この場合、「内容」ではなく、相手に不愉快な気持ちを与えてしまった「状況」について、お詫びするようにします。

＊**自分のどこが間違っていたのか、何が相手を怒らせしまったのか、自分の中で理解できているといいでしょう。**

2 時間は守る

約束の時間は必ず守ります。
変更が必要な時には、できるだけ早めに相手にその旨連絡しましょう。
訪問直前はできるだけ避けます。
訪問・面接時には、始まる前に必ず終了時間の確認をしましょう。

相手にも予定があります。どのくらいその面接に時間をとれるのか、何時までに終わらせたいのかを確認しておくとよいでしょう。面接時間がどのくらいかかるものなのかを相手に伝えることで、「そうか、1時間で終わるのね」と相手が面接のために心を整えることができるかもしれません。
「1時間ほど、お時間は大丈夫でしょうか？」「30分ほど、お話聞かせていただいてもかまいませんか？」から始めてみませんか？

訪問の時間配分

① 初回訪問

初回訪問にはたっぷり時間をとりましょう。

契約書、重要事項の説明だけでも時間がかかります。

１時間半から２時間はみたほうがよいでしょう。

② 通常訪問

特に、変化がない時には、最近の様子などを伺って、サービスのモニタリングを行います。

早い場合には 30 分ですむこともあるでしょう。

③ 緊急訪問

緊急訪問にはどのくらい時間がかかるのか、わかりません。あらかじめ、次の予定をキャンセルしておくなど、時間を確保してから訪問したほうがよいでしょう。

次の相手に対しても、直前のキャンセルは失礼です。

〈だいたいのめやす〉

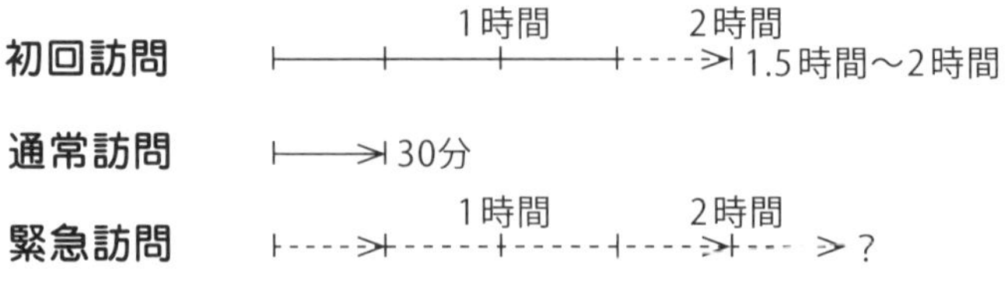
1時間
2時間
初回訪問
1.5時間〜2時間
通常訪問
30分
1時間
2時間
緊急訪問
?

訪問時のマナー ①

利用者宅に到着しました

- 自転車はご近所の迷惑にならない所に止めます。
- 車で訪問する場合は、事前に駐車場の確認をしましょう。

路上駐車は避けましょう

玄関前に立った時

- チャイムは何度も押しません。
- 大声で「○○事業所です」はやめましょう。
- コートなどは玄関口で脱いでおきましょう。

そして大きく深呼吸

玄関の中に入りました

❖ 玄関先でのお話になるか、部屋に上げていただくのか、利用者の方の判断にゆだねましょう。

❖ 上げていただく場合には、脱いだ靴を揃えましょう。

❖ 指示された部屋に向かいます。→この間（1分位？）に、その家の雰囲気をつかみます。そして、何かしら「良いな」と思うところを一つみつけ、部屋に入りながらそのことを話題にすると、リラックスした場をつくることができます。

居室に入りました

❖ あいさつをしたのちに、すすめられてから座るようにしましょう。

❖ すすめられる前に勝手に座るのはNGです。

訪問時のマナー ②

話を始める前に

- 自己紹介は、事業所名、職名、氏名を大きな声ではっきりと伝えます。
- 名刺は両手で持って、相手に見えやすいようにお渡しします。お茶を出された時は基本的に丁寧にお断りしますが、失礼のないよう臨機応変に対応しましょう。

一人暮らしのある認知症の方が、茶色く濁ったお茶を出してくれたことがあります。一瞬飲むのをためらいましたが、その方は美味しそうに飲んでおられる…。思い切ってエイヤっと口をつけると、その方はにっこり笑顔。その瞬間とても打ち解けた空気が生まれたことがあります。ちなみに、その後おなかは平気でした。

相談に入ったら

- 書類の扱いに注意しましょう。ご自宅では、相手にお見せしてもよい書類のみを扱うようにします。
- 相手の話の中で重要なポイントは、メモをとるようにします（「メモをとらせていただいてもよいですか？」とひと言おことわりするようにしましょう）。

話が終わったら

✤ 約束の時間が近づいたら、少しずつ話を整理していきます。訪問目的にそって話をまとめ、結論を口頭で確認するようにします。また、その後次回の約束をお取りしましょう。
ノートを閉じたり、時計を見たりすることで、そろそろ面接を終了することを相手に伝えることができるでしょう。
「そろそろ約束のお時間ですので」と時計を見ることもよいかもしれません。

退出の仕方

✤ 話を終えたら、荷物をしまい、身支度を整え、あいさつをして、退出するようにします。

訪問日の決め方

ケアマネジャーの仕事の基本は、訪問して、相手と向き合うことです。

多忙な業務の中で、相手と向き合う時間を捻出するための、効率的な月間スケジュールを立てられるかどうか、これが、ケアマネジャーの仕事の質を左右します。

給付管理で必要な予定を入れる

↓

担当者会議・研修等で必要な予定を入れる

↓

残りが訪問日！

上手なスケジューリングとは

いつもあわてん坊Aケアマネジャー

	日	月	火	水
		1	2	3
AM	休み	訪問２件	担当者会議	訪問２件
PM	休み	訪問２件	記録	訪問２件
	7	8	9	10
AM	休み	担当者会議	訪問２件	給付管理
PM	休み	給付管理 残業（給付管理）	訪問２件 残業（給付管理）	給付管理
	14	15	16	17
AM	休み	訪問１件 事業所打ち合わせ	訪問１件	担当者会議
PM	休み	事務	担当者会議	訪問２件
	21	22	23	24
AM	休み	担当者会議	訪問１件	訪問１件
PM	休み	訪問１件 事業所打ち合わせ	記録	訪問１件
	28	29	30	31
AM	休み	担当者会議	事務	記録 担当者会議
PM	休み	訪問２件	訪問２件	訪問１件

スケジューリング初級のＡさんとスケジューリング達人のＢさんの１ヵ月を比較してみましょう。

	木	金	土	
	4	5	6	
	緊急訪問	緊急訪問	休み	
	記録 残業（給付管理）	記録 残業（給付管理）	休み	
	11	12	13	
	訪問２件	訪問２件	休み	
	事業所内ケース カンファレンス	訪問２件 残業	休み	
	18	19	20	
	訪問３件	休み	休み	
	訪問１件	休み	休み	
	25	26	27	
	担当者会議	次月提供表作成	休み	
	記録	事業所への郵送・ 手渡し、残業	休み	
				37件訪問 ８件担当者会議 ２件事業所打ち合わせ １日給付管理業務 （残業４日）

段取り上手なＢケアマネジャー

	日	月	火	水
		1	2	3
AM		事務 訪問２件	訪問２件	訪問２件
PM		訪問２件 記録	訪問２件 記録	訪問２件 記録
	7	8	9	10
AM	緊急訪問	給付管理	給付管理	給付管理
PM	記録事務	給付管理	給付管理	事務
	14	15	16	17
AM	休み	事務 訪問２件	訪問２件	訪問２件
PM	休み	訪問２件 記録	訪問２件 記録	訪問２件 記録
	21	22	23	24
AM	休み	事務 訪問２件	訪問２件	訪問２件
PM	休み	訪問２件 記録	訪問２件 記録	訪問２件 記録
	28	29	30	31
AM	休み	事務 訪問２件	訪問２件	訪問２件
PM	休み	訪問２件 記録	訪問２件 記録	訪問２件 記録

木	金	土
4	5	6
担当者会議	事業所打ち合わせ	休み
担当者会議記録	予備日	休み
11	12	13
担当者会議	休み	休み
	リフレッシュに旅	
事業所内ケースカンファレンス	休み	休み
18	19	20
担当者会議	記録	休み
担当者会議 or 事業所打ち合わせ記録	予備日	休み
25	26	27
担当者会議	次月提供表作成	休み
担当者会議 or 事業所打ち合わせ記録	予備日	休み

Bさんポイント

1　記録はためずに訪問の後にこまめに書いておく

2　訪問日と会議日をメリハリつけて作っておく。
（主として週の後半は会議日）

3　訪問は1日2件から3件は行く。

4　金曜日の使い方
金曜日は、予備日として予定を入れずに、何かあったらすぐに対応できるようにしておくとよいかもしれません。
認知症や心の病をお持ちの方など、なぜか決まって金曜日になると具合が悪くなる、不安定になる方々がいます。土日を前にして緊張してしまうのでしょうか…。
いずれにしても、金曜日の午後は、よい週末が迎えられるよう、余裕をもったスケジューリングをしてみてはいかがでしょうか。

49件の訪問
7件の担当者会議
3件事業所打ち合わせ
3日給付管理業務

著者紹介

土屋典子（つちや・のりこ）

1994年東京都立大学社会科学研究科社会福祉専攻修士課程修了。同年、財団法人調布ゆうあい福祉公社に入る。

2000年より介護支援専門員として介護保険事業に携わる。居宅介護支援事業、訪問介護事業、地域包括支援センター事業担当課長を務める。

法政大学を経て、現在、立正大学社会福祉学部准教授。高齢者福祉論、福祉サービス論担当。

著書：共著に『社会福祉士、精神保健福祉士、介護支援専門員になるために』（誠信書房）『在宅介護支援センターのソーシャルワーカー』（有斐閣）『ケアプランのつくり方・サービス担当者会議の開き方・モニタリングの方法』『認知症高齢者を支えるケアマネジメント』（瀬谷出版）、著書に『ケアプラン文例集』『ケアプラン文例集2』（共に瀬谷出版）他

ケアマネジャーが知っておきたい
記録の書き方・アセスメントのしかた・訪問のポイント

2012年3月2日　初版第1刷発行
2017年1月23日　初版第2刷発行

著者	土屋典子
装丁	山内たつゑ
本文デザイン・DTP	POOL GRAPHICS 松田祐加子・佐々木美穂
イラスト	福井若恵
発行者	瀬谷直子
発行所	瀬谷出版株式会社
	〒102-0083
	東京都千代田区麹町5－4
	電話03-5211-5775　FAX03-5211-5322
	ホームページ　http://www.seya-shuppan.jp
印刷所	倉敷印刷株式会社